DE

LA CHINE

AU POINT DE VUE

COMMERCIAL, SOCIAL ET MORAL.

SAINT-DENIS. — IMPRIMERIE DE PREVOT ET DROUARD.

DE

LA CHINE

AU POINT DE VUE

COMMERCIAL, SOCIAL ET MORAL.

ÉTENDUE, POPULATION, PRODUCTION, ALIMENTATION, VÊTEMENTS,
AMEUBLEMENTS, MOEURS, USAGES, INSTITUTIONS,
LOIS, ETC., ETC., ETC.

CONSIDÉRATIONS D'INTÉRÊT NATIONAL.

PAR L. DAGNEAU,

Auteur de plusieurs écrits d'économie politique et sociale, membre
de l'Institut historique de France.

PARIS.

DE

LA CHINE

AU POINT DE VUE

COMMERCIAL, SOCIAL ET MORAL.

Quelle immense ressource! quelle mine à exploiter pour l'industrie engorgée, n'aspirant qu'après des débouchés, qu'un pays dont l'étendue, l'innombrable population, les besoins, le commerce, équivalent à ceux de toute l'Europe; qu'un pays, un des plus policés, peut-être un des plus civilisés du monde connu!

La Chine, depuis une longue suite de siècles, livrée à elle-même, fermée pour ainsi dire au reste du monde; la Chine, méfiante et craintive, dont l'industrie est demeurée stationnaire par le manque de communications, d'objets de comparaison et d'émulation, semble aujourd'hui sentir la nécessité de s'humaniser, de se rapprocher des nations étrangères, dont elle a constamment cherché à se séparer; les événements politiques qui se sont succédés depuis quelques années ont contribué à ce rapprochement.

Jamais moment ne fut plus opportun; jamais occasion ne fut plus favorable; jamais sources ne furent plus fécondes que celles qui peuvent s'ouvrir à l'industrie française; jamais entreprises plus utiles, plus nationales que celles qui tendront à établir, entre la France et cette vaste contrée, les rapports commerciaux dont nous avons à attendre de si grands avantages.

C'est avec l'espoir de voir l'industrie nationale profiter un jour de ces avantages, que j'ai réuni ces matériaux propres à l'éclairer dans la marche de ses opérations ultérieures, à déterminer un jour la création d'une compagnie *Indo-Chinoise*, destinée à ouvrir à nos produits nationaux de nouveaux et grands débouchés. C'est une œuvre de patriotisme adressée aux hommes doués de cet esprit national, qui fait la force et la prospérité des États (*exemple, l'Angleterre*).

Toutefois, ne faut-il pas se dissimuler les difficultés; mais en les prévoyant, il ne faut ni les craindre, ni se rebuter.

Deux nations principales sont, depuis longtemps, en possession du commerce de la Chine : l'Angleterre et les États-Unis. Le commerce anglais surtout est une concurrence redoutable; il a déjà tout fait, quand nous avons tout à faire; il connaît les coutumes, les usages locaux; il sait façonner ses produits au goût du pays : dessins, couleurs, largeurs, aunages, emballages, il est passé maître, quand nous en sommes encore à l'apprentissage. — Il résulte de rapports officiels, qu'en 1840, les expéditions des produits du sol et de l'industrie britannique dans la Chine et les mers des Indes, ne s'élevaient pas à moins de 232 millions de francs.

Mais si l'Angleterre a sur nous cet avantage de la priorité et de l'expérience, nous avons sur elle d'autres avantages équivalents ; il s'agit seulement de savoir les mettre à profit. D'abord, l'antipathie des Chinois pour tout ce qui est anglais ; conséquence toute naturelle des derniers événements ; la préférence qui en ressortira pour nous ; ensuite, les produits de l'industrie parisienne, connus sous la dénomination générique *d'articles de Paris,* articles de goût, de modes, de luxe, de commodités, source intarissable qui n'a point de *seconde,* point de *rivale ;* cette source à laquelle viennent puiser tous les peuples commerçants, tôt ou tard, il faut l'espérer, les Chinois à leur tour y viendront puiser. Les habitudes chinoises sont restées les mêmes, par le soin qu'on a pris d'éloigner tout ce qui pouvait les changer ; mais à la suite des rapports qui sont sur le point de s'ouvrir avec ce lointain pays, le commerce y prendra une face nouvelle; les vieilles habitudes se modifieront; il y aura fusion de coutumes, de goûts, de mœurs; et cette fusion s'étendant à mesure que les rapports deviendront plus fréquents, le peuple chinois finira par se façonner à nos goûts, à nos productions; il s'habituera à nos usages; nos fabriques elles-mêmes façonneront leurs produits au goût chinois; alors, pas de concurrence possible pour cette partie de notre industrie; alors, s'ouvriront toutes les *sources parisiennes*, et leurs produits s'écouleront à flots d'or.

Ce but, c'est d'abord par des essais faits avec discernement et prudence, surtout avec loyauté, ensuite par des envois combinés sur les besoins du pays qu'il faudra y parvenir.

Nous pouvons, soit dit sans présomption, soutenir la concurrence anglaise, pour les articles de fabrique, draperie, cotonnades, lainage, toilerie; notre ancienne prééminence sur ce dernier article, se trouve à la vérité, diminuée par le grand perfectionnement qu'ont, en Angleterre, reçu les tissus de lin ; mais cette prééminence, nous l'avons conservée pour les tissus façonnés, toiles peintes, tissus mélangés de coton, de laine, de soie, comme pour une infinité d'autres articles ; et nos vins, nos spiritueux n'ont point de concurrents. C'est principalement avec ses tissus de coton et de laine que l'Angleterre solde ses achats de thé et soie brute en Chine ; les tissus de lin n'y entrent que dans une faible proportion ; elle reçoit de Chine plus de soierie qu'elle ne lui en fournit ; cette branche essentielle de l'industrie chinoise est pour la nôtre une concurrence qu'il ne faut pas se dissimuler ; nos tissus de soie n'iront en Chine que comme objets de comparaison, de nouveautés, d'imitation.

Mais il est une concurrence à laquelle on ne fait pas assez attention, et qui, peut-être est la plus dangereuse de toutes celles que nous avons à redouter de la part des Anglais; c'est, il ne faut pas se le dissimuler, leur supériorité dans l'entendement des affaires en général; supériorité fortifiée par une forte dose *d'espit national.* On a, en Angleterre, sur le commerce, des vues hautes, larges; nous n'avons en France, disons-le, que des vues étroites, mesquines; les Anglais cinglent à toutes voiles, quand nous savons à peine les suivre à la remorque. C'est là, il faut le reconnaître, bien qu'il en coûte de le dire, une des causes principales de notre infériorité dans tout ce que comporte le domaine général du commerce; déjà ils nous ont devancés, et il est à craindre qu'ils ne nous devancent toujours; déjà ils ont une *colonie chinoise* en voie de prospérité, quand nous n'en sommes encore qu'aux préliminaires d'ambassade.

En 1840, les exportations d'Angleterre pour la Chine, ralenties et diminuées par l'effet des événements politiques, étaient :

En tissus de coton, d'environ 4 millions de francs. En tissus de laine, d'environ 3 millions. De lin, d'environ 64,000 fr.

Indépendamment de ces tissus, l'Angleterre exporte pour l'Indo-Chine et l'Océanie, les articles suivants :

Armes et munitions de guerre, beurre, fromage, bière, chapeaux de castor et de feutre, charbon, coke, cordages, couleurs, cuirs ouvrés et non ouvrés, sellerie et harnais, faïence et poterie, habillement, linge et mercerie, librairie, machines et mécaniques, orfévrerie, bijouterie, horlogerie, papeterie. — *Salaisons :* bœuf et porc, lard et jambon ; poisson, harengs. — Savon et chandelle ; sucre raffiné ; verrerie.

Les cargaisons de retour se composent ainsi qu'il suit :

Café, chanvre, coton, dents d'éléphants, écorces de tan et de teinture ; canelle, gingembre, girofle, muscades et macis, poivre, etc. ; étain, fanons de baleine, farine de froment, gomme arabique, graine de lin, laque ; huiles de poisson, de ricin ; indigo, laines, peaux diverses, riz mondé, sayon, salpêtre et nitre, soie grège et bourre de soie, sucre brut, tabac, thé, tissus de soie.

La moyenne annuelle de la valeur

des expéditions directes de l'Angleterre en Chine, peut s'évaluer à environ 25 millions de francs; cette somme n'est pas à comparer à l'immense commerce que font par les Indes ces deux nations.

L'Inde, le berceau du commerce, source des grandes richesses, origine des grandes fortunes anglaises, fait avec la Chine un grand commerce; la plus grande partie des expéditions d'Europe se fait par l'intermédiaire des comptoirs et ports des Indes; — le Bengale, Bombay, Madras, Calcutta, Singapore, pour les Anglais; Manille, pour les Espagnols; Java, Sumatra, Batavia, pour les Hollandais; le Chili, le Pérou, la Bolivie, pour les États-Unis, sont autant d'entrepôts, d'escales, qui favorisent particulièrement les échanges d'entre ces nations et la Chine.

Je n'ai à m'occuper ni de ces moyens d'échanges, ni de leur nature; je ne m'occupe que de ce qui peut intéresser ou favoriser nos intérêts nationaux.

En 1841, le mouvement du commerce de France en Chine et les Indes Orientales présentait le résultat suivant :

EN CHINE.

Exportations en tissus de coton, de laine, de lin, de soie, vins, papier, livres, gravures, objets d'habillement, ouvrages en cuivre, laiton et bronzes, beurre salé et autres articles, pour une valeur de. 61,000

Importations en thé, canelle, écailles de tortue, bois de teinture, objets de collection, chapeaux de fibres de palmier, sulfure de mercure et autres articles, pour une valeur de. . 227,000

AUX INDES FRANÇAISES.

Exportations en tissus de tous genres, vins, eaux-de-vie, liqueurs, parfumerie, papier, livres et gravures, poterie, verres, cristaux, corail taillé, peaux ouvrées, liège ouvré, modes, essence de térébenthine, sel marin, effets d'habillement, horlogerie, or filé sur soie, marbre ouvré, mercerie, ouvrages en cuivre, laiton et bronzes; fruits secs, tapés et confits; tabletterie, binbeloterie, industrie parisienne, bijouterie, orfévrerie, poisson de mer mariné, plumes à écrire, machines et mécaniques, beurre salé, etc., pour une valeur de. . . . 704,000

Importations en indigo, poivre, guinées, foulards de soie, peaux brutes, nitrate de potasse, riz, canelle, cornes de bétail, vannerie, objets de collection, etc., pour une valeur de 3,025,000

AUX INDES ANGLAISES.

Exportations en mêmes articles qu'aux Indes françaises; plus : plaqués, huile, volatille, poisson de mer mariné, beurre salé, etc., pour une valeur de. 6,744,000

Importations en mêmes articles qu'aux Indes françaises; plus : café, sucre brut, coton de laine, résineux, thé, laque, étain brut, cachou, cigares, écailles de tortue, nacre de perles, curcuma, bois de teinture, joncs et roseaux, chapeaux de fibres de palmier, sulfure de mercure, etc., pour une valeur de. . 25,656,000

AUX INDES HOLLANDAISES.

Exportations en mêmes articles que ci-dessus; moins : l'essence de térébenthine, marbres ouvrés, poisson de mer mariné, plumes à écrire, beurre salé, etc., pour une valeur de 848,000

Importations en mêmes articles; moins : guinées, nitrate de potasse, laque, cigares, nacre de perles, cornes de bétail, sulfure de mercure, etc., pour une valeur de. 3,333,000

AUX INDES ESPAGNOLES.

Exportations en tissus de soie et de coton, papier, livres, gravures, mercerie, industrie parisienne, etc., pour une valeur de. 21,000

Importations en indigo, foulards de soie, café, sucre brut, peaux brutes, résineux, cigares, écailles de tortue, nacre de perles, cornes de bétail, bois de teinture, vannerie,

objets de collection, badiane ou anis étoilé, etc.,
pour une valeur de 1,960,000

Exportations. 8,378,000

Importations. 36,213,000

Nota. Dans ces chiffres figurent à l'exportation pour 1,608,000 fr. de vins; à l'importation pour 22,525,000 d'indigo, dont pour 21,748,000 fr. de la provenance des Indes anglaises.

Les registres des déclarations des douanes, desquels émanent ces éléments, ne sont pas toujours les vraies sources où l'on puisse puiser des renseignements certains. — Dans le commerce, on est toujours tenté de diminuer le chiffre de ses importations et d'augmenter celui des exportations, afin d'avoir moins de droits à payer à l'entrée, plus de primes à recevoir à la sortie. Ce n'est donc pas toujours le cas de s'en rapporter entièrement aux chiffres des documents administratifs; et le chiffre, déjà très élevé, d'importations de **21,748,000** fr. d'indigo provenant des Indes anglaises, étant le relevé des déclarations en Douanes, il est permis d'admettre que le chiffre peut, en réalité, être moindre de ce qu'en effet il a été. Or, de quel avantage l'Angleterre ne profite-t-elle pas sur nous, quand on voit un commerce d'échanges dont la balance nous est si défavorable?

Dans ce grand mouvement de transactions commerciales, dont la plus grande partie tourne au profit des colonies anglaises, la Chine, on le voit, n'y figure que pour une bien petite part; espérons que, dans notre intérêt comme dans celui de l'empire chinois, les circonstances de l'avenir lui réserveront, dans nos transactions commerciales, une part plus grande. L'ouverture au commerce d'Europe des cinq ports de Canton, Amoy, Foutchou, Ningpo, Shanghai, par suite du traité anglo-chinois, est d'un bon augure; c'est un acheminement à d'autres dispositions favorables, qui a eu pour résultat une réduction de trois quarts environ sur le tarif des droits d'entrée et de sortie.

Les ports jusqu'à présent ouverts au commerce étranger en Chine, étaient ceux de Canton, Whampoo, Macao, Lintin ; le premier de ces ports fait un commerce presque exclusif, le dernier ne fait qu'un commerce de contrebande. Un plus facile accès des ports de ce vaste empire, sera plus tard, il ne faut pas en douter, la suite de relations et de négociations ultérieures.

On estime à un milliard le commerce qui se fait annuellement dans les mers de l'Indo-Chine; la moitié de ce chiffre s'applique au commerce maritime de la Chine. Le commerce de Canton est, à bien dire, le commerce extérieur de la Chine; ce commerce est considérable, et pour en donner une idée, il suffira de dire, qu'il est sorti de ce port, dans l'espace de 10 mois, du 1er Juillet 1841 au 30 avril 1842, à destination de la Grande-Bretagne, 54 navires, qui ont chargé 13 à 14 millions de kilogrammes de thé, 45 à 46 mille kilogrammes de soie écrue, le tout formant un tonnage de 23 à 24 mille tonneaux.

Le numéraire joue un grand rôle dans les exportations de Canton, qui solde en argent une grande partie de ses achats, en raison de la difficulté d'y compléter quelquefois les cargaisons de retour; ce fut, on le sait, la grande exportation des métaux précieux qui, en 1839, porta le gouvernement chinois à confisquer l'opium importé par les navires britanniques.

Les articles d'exportation de Canton formant les états de cargaisons de retour, sont :

Thé, riz, épices, canelle, poivre, sucre brut, soie grège, soie à coudre, fil d'or, papier doré, châles de soie, de crêpe, tissus d'herbes, nankin, coton en laine, indigo, rhubarbe, camphre, quinquina, gingembre, tabac, bois de teinture, bois d'ébène d'aigles et autres bois de senteur, ivoire, vermillon, vernis, laque, musc, nacre de perles, écailles de tortue, métaux, acier, cuivre, fer, plomb, étain, vif-argent, or, salpêtre, pierres précieuses, pierres fines, ambre gris, ouvrages de laque, nattes, rotins, porcelaine, confiserie, casse, huile de casse, huile d'anis, nitre, canons de fusil dont le fer est forgé de manière à ne jamais crever, etc.

Les articles d'importation sont ceux que j'ai déjà indiqués.

Canton, que les Chinois appellent Quang-Tcheou-Fou, ville des plus peuplées, des plus commerciales, des plus opulentes, est l'entrepôt de tout le commerce des Indes et de l'Europe ; c'est une foire continuelle, un bazar général des productions de tous pays, de tout ce qui peut contribuer aux délices de la vie. Canton renferme un très grand nombre de manufactures en tous genres. La classe industrielle y est très laborieuse, très ingénieuse ; les ouvriers y sont fort adroits et surtout imitateurs, très habiles de tous les objets venant d'Europe ; il suffit de les leur montrer pour qu'ils en fassent de pareils avec une justesse surprenante ; c'est ce talent d'imitation qu'ils possèdent à un haut degré qui porte le peuple chinois à faire de la fausse monnaie, des piastres, etc. Dans la baie de Canton se trouve Macao, célèbre port portugais, plus loin et à quatre ou cinq lieues de Canton est le fameux village de Fochan, de trois lieues de circuit, et d'un million d'habitants, village qui n'a point de pareil dans l'univers; ces trois communes chinoises réunissent à elles seules plusieurs millions d'habitants.

Canton, ou Quang-Tong, est une des principales provinces de la Chine, qui en comprend quinze, dans l'étendue de cinq à six cents lieues du nord au midi, et de quatre à cinq cents du levant au couchant (l'abbé Raynal donne à la Chine plus de dix-huit-cent lieues de circuit). Le fleuve Kiang la sépare en deux parties, l'une septentrionale, l'autre méridionale; celle-ci qui comprend neuf provinces parmi lesquelles se trouve Canton, est la plus productive et la plus commerciale; on compte dans le céleste empire, indépendamment des villes principales, quatre-vingts villes du premier ordre, telles que Bordeaux ou Lyon, parmi deux cent soixante du second ordre, plus de cent villes comme Orléans, entre douze cents du troisième ordre, un nombre considérable d'autres villes et de villages. Le Louvre serait, dit-on, au large dans une des cours du palais de Pékin. Rien n'a été plus controversé, plus ou moins exagéré que la population de l'empire chinois; on donne à Canton un million d'habitants, les missionnaires portent ce nombre à quatre millions; le père *Lecomte* donnait à Pékin ou Péking deux millions d'habitants; le père *Duhalde* lui donne trois millions. Suivant l'*abbé Raynal,* la Chine aurait environ 40 millions d'hommes en état de porter les armes; la statistique, la plus vraisemblable, la plus récente, est celle qui donne à cet empire 361 millions d'habitants, non compris le Mogol et le Thibet; les conjectures élèvent ce chiffre à 400 millions.

Deux Portugais du nom d'*Albuquerque* et de *Lopes-Soares,* furent les premiers qui s'ouvrirent la route de la

Chine. *Albuquerque* ayant rencontré à Malaca, des vaisseaux et négociants chinois, avait conçu la plus haute idée d'une nation, dont le dernier matelot avait plus de politesse, d'usage des bienséances, de douceur et d'humanité qu'on en trouvait en Europe dans les classes les plus élevées, il engagea les Chinois à cultiver leur commerce de Malaca, et apprit d'eux la richesse, la puissance et toutes les ressources de leur vaste empire.

On n'avait alors, en Europe, aucune idée, ou qu'une idée bien faible de la nation chinoise, lorsqu'en 1518, à la suite des rapports envoyés à la cour de Portugal par ces deux navigateurs, sortit de Lisbonne une escadre, transportant une ambassade près celle de Pékin. Le commandant de l'escadre, homme sage et prudent, recevait avec cordialité tous les Chinois que la curiosité conduisait en foule à son bord, et après avoir remis aux mains des autorités de Canton, l'ambassadeur envoyé par sa cour, il parcourut les côtes de la Chine, en y faisant le commerce, et fit, à son départ, publier, dans tous les ports où il avait relâché, que ceux des Chinois qui auraient à se plaindre d'un Portugais, eussent à le dénoncer, que satisfaction leur serait rendue. La conduite de ce commandant, *Ferdinand d'Andreade*, lui attira l'estime du peuple et du gouvernement chinois, que la gloire portugaise, qui remplissait l'Asie avait déjà disposés en faveur de cette nation. Les ports de la Chine allaient être ouverts aux navires portugais, l'ambassadeur *Thomas Perez* était sur le point de conclure un traité de commerce, quand, *Simon Andreade*, frère de Ferdinand, parut sur les côtes avec une nouvelle escadre; les choses, dès ce moment, changèrent de face. Le nouveau commandant traita les Chinois, comme depuis quelque temps, les Portugais traitaient les peuples d'Asie; pillage, rançons, enlèvement des filles, brigandages, rien ne fut épargné pour irriter ce peuple paisible, pour faire changer en haine leur première estime. Les Chinois équipèrent une flotte nombreuse, l'ambassadeur portugais mourut dans les fers, et la nation portugaise fut pendant plusieurs années, bannie de la Chine; ainsi, de la conduite d'un seul homme dépend souvent le sort des nations. Depuis, ils rentrèrent en grâce, et le port de Sauciam fut ouvert à leurs navires.

Une circonstance imprévue réintégra entièrement les Portugais dans l'estime des Chinois : un pirate fameux nommé Tebang-si-Lao, devenu puissant par ses brigandages, s'était emparé de Macao, d'où il tenait bloqué plusieurs ports, même Canton; les mandarins des environs recoururent aux commandants des vaisseaux portugais à Sauciam; ceux-ci remportèrent sur le pirate une victoire complète, le poursuivirent jusque dans Macao, où il mourut.

Informé de ce service, le gouvernement chinois en fut reconnaissant; les

Portugais s'établirent à Macao avec de grands avantages, mais ils en furent chassés de nouveau, et ne reparurent de longtemps sur les côtes de l'empire.

Les Hollandais, aussi devenus puissants dans les mers des Indes, essuyèrent le même sort : ils furent aussi exclus des ports de la Chine; de toutes les nations qui commencèrent avec la Chine, celle-ci y eut néanmoins le plus de prépondérance par la suite.

Les Hollandais peuvent se glorifier d'avoir, à diverses époques, donné l'élan au grand commerce maritime des Indes; c'est à leur exemple que l'Angleterre doit la puissance de sa compagnie des Indes; et, la société de commerce Neerlandaise, créée en 1824 jusqu'en 1839, au capital de 97 millions, est une de ces conceptions heureuses, une de ces combinaisons larges et élevées, d'où sortent aussi de grands résultats. En 1839, les bénéfices de cette compagnie ont donné, intérêts compris, 17 1/4 pour 100 de dividende.

La France avait, en 1660, formé une compagnie de la Chine, à la tête de laquelle était un riche négociant de Rouen; il avait estimé que l'entreprise ne pouvait s'exécuter utilement qu'à l'aide d'un capital de 220,000 livres; ce chiffre était déjà par lui-même très mesquin, les souscriptions furent plus mesquines encore, elles ne s'élevèrent qu'à 140,000 livres, et l'entreprise n'eut ni chance ni succès. Une autre compagnie se forma en 1698, elle n'obtint que de faibles résultats; le commerce de la Chine ne prit, en France, quelque consistance, que lorsqu'il fut réuni à celui des Indes.

Le premier traité des Chinois depuis la fondation de leur empire, est celui qu'ils firent avec les Russes en 1689, au sujet des dissidents qui s'étaient élevés entre eux sur les limites des deux frontières, lesquelles furent établies à 300 lieues de la grande muraille, vers la rivière de Kerbechi. Depuis longtemps les Russes cherchaient par des usurpations à se rapprocher de la Chine dont ils convoitaient les richesses; leur voisinage était fait pour inspirer de la crainte, de la méfiance; le traité de 1689 rétablit la bonne intelligence; il fut en outre permis aux Russes d'envoyer, tous les ans, une caravane à Pékin, dont les étrangers avaient jusqu'alors été constamment éloignés; les relations d'entre ces deux nations, furent souvent interrompues et rétablies; les échanges qui se font maintenant en thé et marchandises russes, peuvent s'élever annuellement à environ 32 millions de franc. La fameuse foire de Nyni-Nongorod qui s'ouvre tous les ans aux mois de juillet et d'août, est le principal lieu de ces échanges, auxquels il serait à désirer que nos produits pussent participer.

Le commerce extérieur de la Chine, dont la plus grande partie se fait à Canton, est peu de chose comparativement à son commerce intérieur; cause pour laquelle les Chinois, pouvant se suffire à eux-mêmes, ont, pendant tant de siècles écoulés, attaché peu d'importance à l'extention de leurs relations extérieures.

C'est à tort qu'on nous a montré comme purement agricole, un pays essentiellement manufacturier et commerçant, un pays où la nature a tout fait pour le commerce, un pays, d'où déroulent, à chaque pas, toutes les sources fécondes, tous les moyens multipliés de commerce; agriculture portée au plus haut degré de perfection; mines abondantes; manufactures diverses; fleuves, rivières, canaux, intelligence, encouragements; tout ce que peuvent promettre un sol fertile, un peuple actif, industrieux, un gouvernement sage, la Chine le réalise.

Il est peu de pays, après la Belgique ou la Hollande, qui offrent un système plus complet de canalisation; le grand canal, ou canal impérial, sans égal dans le monde, unit Pékin à Canton; le fleuve bleu et le fleuve jaune traversent le pays dans toute sa largeur; ils se joignent à une multitude de cours d'eau, de canaux qui se communiquent et forment une réunion complète de voies fluviales, au moyen desquelles il peut faire tous ses transports intérieurs sans recourir à la navigation côtière, avantage immense pour le commerce interne du pays, des plus actifs, des plus animés, des plus considérables, dont une si grande étendue de territoire, une si nombreuse population peuvent aisément donner l'idée.

Le caractère, les habitudes, les usages, les mœurs d'une nation, même ses lois, sont autant d'éléments de commerce, dont il est bon de pouvoir aussi se faire une idée comme objet de comparaison, quand on se livre aux études utiles, aux études d'économie sociale. Il y a toujours des comparaisons, quelques fruits à recueillir; sans comparaisons, point d'émulation; sans émulation, point de progrès.

Le Chinois est doux et affable, grave et réfléchi, adroit et poli au suprême degré; mais il est défiant, facile à tromper les autres, difficile à se laisser tromper; il est vindicatif, dissimulé; il se venge avec adresse, et dès-lors avec impunité; il aime l'argent, et a cela de commun avec bien d'autres; ce qui passerait ailleurs pour de l'usure, est, en Chine, une rétribution légale, autorisée. Les Chinois semblent, en général, avoir été fondus dans le même creuset et façonnés au même moule. Les Tartares, conquérants de la Chine, n'ont pris d'elle que ses antiques usages, ils ont conservé leur caractère; leurs mœurs ont des nuances différentes. Le Tartare est franc, généralement obligeant, peu intéressé; il hait la dissimulation. Les Chinois méditent longtemps, leur jugement est tardif; le Tartare juge promptement, et son jugement, quoique plus rapide, est souvent mieux appliqué. C'est dans les campagnes, dans cette classe d'hommes laborieux qui s'adonnent aux travaux de l'agriculture, qu'il faut chercher parmi les Chinois cette franchise, cette bienveillance secourable, et toutes les autres vertus qui caractérisent un grand peuple. On rencontre souvent dans le simple laboureur chinois plus de vertus, plus de qualités morales, plus de considération, que dans les rangs les plus distingués ; et dans cette vie agreste, berceau de la bienfaisance, où les présents de la nature sont recueillis avec empressement, on s'habitue à les distribuer de même : il n'est point de pays où l'agriculture soit plus encouragée, où l'agriculteur soit plus considérée, plus respectée.

Il en est autrement de la classe industrielle et marchande. Dans ce grand mouvement, cette foule innombrable de vendeurs et d'acheteurs, s'agitant en tous sens, ces foires perpétuelles auxquelles nos foires d'Europe ne peuvent se comparer, la moitié s'occupe à tromper l'autre moitié, surtout les étrangers, que les marchands chinois s'exercent sans ménagements à subtiliser. Un capitaine étranger reprochait à un Chinois, dans les termes les plus durs, d'avoir rempli la plupart de ses ballots de soies pourries; le Chinois le laissa s'emporter, et, quand il fut plus calme, il lui dit d'un grand sang-froid : « *Prenez-vous-en, « monsieur, à votre interprète ; il « m'avait promis que vous ne feriez « pas la visite des ballots.* » — Un autre, à qui un Français se plaignait non moins amèrement de ne lui avoir pas donné son poids, répondit aussi tranquillement : « *C'est possible, mais il « faut payer.* » Et quand le Français, après avoir inutilement exhalé sa mauvaise humeur, se décida à payer, le Chinois lui dit : « *Européen, vous avez « fini par où vous eussiez dû com- « mencer.* »

Ce contraste des mœurs pastorales et des mœurs mercantiles d'un peuple, monument le plus curieux que nous ait transmis la haute antiquité, faut-il aller le chercher si loin, quand, il faut le dire, nous le trouvons chaque jour parmi les peuples qui se croient bien supérieurs en civilisation.

Le peuple chinois est généralement

sobre; le riz, le mil, la patate, le porc, forment la base de son alimentation; il cultive et fait aussi usage du froment; sa boisson favorite est le thé, qu'il remplace quelquefois, et quand il le peut, par la petite sauge, en l'échangeant contre du thé. — Les Chinois n'aiment pas le lait, et ne s'en servent presque jamais. Le riz leur procure une liqueur distillée dont il se fait une assez grande consommation dans la partie nord de l'empire : cette liqueur est le vin des Chinois; la canne à sucre leur produit du rhum; les autres spiritueux sont tirés du raisin, des oranges et autres fruits; ils ne font pas de vin et ne consomment que des vins étrangers; leur vin et leur eau-de-vie s'obtiennent de la fermentation du riz.

En aucun pays on n'observe avec plus de soins, dans les classes supérieures, les bienséances de la table, une étiquette plus rigoureuse, une civilité plus puérile, un cérémonial plus compliqué: une invitation n'est supposée réelle qu'après avoir été, par écrit, réitérée trois fois: on écrit la veille, on écrit dans la matinée, on écrit quand tout est prêt, au moment de se mettre à table. La multiplicité des mets, des vins et liqueurs de toute espèce est considérable; tout se sert avec profusion, variété, même avec recherche, mais dans la plus stricte observance des règles voulues. Les Chinois font peu d'usage de leur couteau : deux petits bâtonnets pointus, ornés d'ivoire ou d'argent, leur tiennent lieu de fourchettes.

Ici encore un contraste : d'un côté, somptuosité, prodigalité; de l'autre, privation, misère. La masse du peuple vit pauvrement en Chine comme ailleurs; et bien que le pays ne soit pas dépourvu de ressources, que les ressources même en viandes, volaille, gibier, poissons, fruits, légumes, etc., soient abondantes, les extrêmes besoins d'une extrême population sont tels qu'on s'alimente de tout ce qu'on trouve. Il se vend dans les rues des villes chinoises des pattes d'ours, des pieds de divers animaux féroces, de la chair de chevaux, de chiens, etc.

Le costume chinois est tel qu'il a toujours été : il n'est pas soumis aux caprices de la mode, le temps n'y a apporté aucun changement, aucun perfectionnement. La forme des habits est à peu près la même pour les hommes comme pour les femmes; la couleur, les ornements sont ce qui distingue les classes, le rang, le grade, la dignité ; qui s'en décorerait sans en avoir le droit serait sévèrement puni. Une longue veste en forme de tunique, un caleçon, une large ceinture dont les bouts tombent jusqu'aux genoux, à laquelle sont ordinairement attachés un étui renfermant un couteau et les deux bâtonnets leur servant de fourchettes, est ce qui compose principalement l'habillement chinois; la saison détermine les changements d'étoffes : elles sont de lin, de coton, de soie ou de satin, quelquefois de drap. Le peuple marche jambes et pieds nus;

la classe aisée se chausse; ceux qui portent une chemise ont par dessous une espèce de réseau de soie qui l'empêche de s'attacher à la peau; les Chinois ont le cou nu : ils le garantissent seulement en hiver, ainsi que les jambes; la couleur noire ou bleue est celle du peuple. L'empereur et les princes du sang ont seuls le droit de porter la couleur jaune; les mandarins, ordinairement vêtus de noir ou de bleu, portent en toilette le satin à fond rouge; le costume des gens de distinction, aux jours de cérémonie, est riche et élégant; leur large surtout à longues manches, leur spincer, sont richement brodés en or ou en soie; ils ont en hiver un grand luxe de fourrures de prix; leurs chausses varient selon les saisons, leurs bottes sont de velours de satin, de soie, ou de coton de diverses couleurs; celles ordinaires sont de cuir de vache à épaisses semelles, que l'on blanchit au lieu de les noircir, contrairement à notre usage. Le blanc au lieu du noir est aussi la couleur du deuil : chaque pays a ses usages. L'habit de soie et les fourrures ne sont permis qu'aux jeunes gens qui ont atteint leur vingtième année : jusquelà ils ne peuvent porter que des étoffes de coton.

La modestie, peut-être la jalousie, sentiment prédominant des peuples d'Asie, semblent avoir présidé au costume des femmes: leurs longues robes fermées par le haut leur couvrent même les pieds, ne laissant apercevoir que la figure; leurs mains sont aussi cachées dans les amples plis de longues manches tombant jusqu'à terre; une Chinoise cache tout, excepté son visage.

La couleur noire ou violette est communément celle qu'adoptent les femmes d'un âge avancé; les couleurs plus claires sont destinées aux jeunes femmes; celles-ci mettent beaucoup de soins, même de recherches, à arranger et orner leurs cheveux. Les fleurs naturelles ou artificielles, les parures en or et en argent, les perles, les diamants, sont les ornements dont elles aiment à parer leurs chevelures. Les femmes du peuple n'ornent leur tête que d'un simple morceau de soie semblable à un large ruban. Les Chinoises, généralement condamnées à ne quitter presque jamais leur appartement, à n'être vues que de leur mari ou de quelques domestiques, passent néanmoins, pour la plupart, autant de temps à leur toilette qu'une Parisienne qui veut briller au bal ou dans une loge de l'Opéra. L'appartement d'une Chinoise est un sanctuaire où les amis même les plus intimes ne peuvent approcher.

Les Chinois se font remarquer plutôt par la simplicité que par la richesse et le luxe de leur appartement : les glaces, les dorures, les riches tapisseries, les ornements minutieux, ne sont ni dans leurs goûts ni dans leurs usages ; leurs meubles sont simples et commodes ; ils ne reçoivent d'ailleurs que dans une salle à ce particulièrement destinée, sans que ceux qu'on y admet puissent communiquer à l'intérieur; cette salle de réception est à l'entrée, elle a pour ameublement des siéges, des tables, des paravents; elle est ornée de vases de porcelaine plus ou moins beaux; plusieurs lanternes en soie, peintes de diverses couleurs, sont suspendues au plafond; les meubles sont recouverts d'un vernis transparent qui leur donne un brillant, un éclat extraordinaire; ce vernis, une des productions naturelles du pays, n'a pu jusqu'à présent être imité; il provient d'un arbre appelé arbre du vernis.

Dans les maisons les plus riches, les salles sont quelquefois tendues de satin blanc, sur lequel sont peints des oiseaux, des fleurs, des paysages, ou bien écrites en gros caractères des sentences énigmatiques; les lits sont, en hiver, garnis de rideaux de double satin, taffetas blanc, ou d'une gaze légère en été; les salles des classes ordinaires sont tout simplement blanchies; leurs lits sont garnis de toile, leurs matelas de coton; dans les provinces septentrionales, les lits, au lieu d'être en bois, sont généralement construits en briques; ils sont plus ou moins larges, selon que la famille est plus ou moins nombreuse. Ces lits, chauffés par un fourneau pratiqué sur le côté, sont, dans le jour, couverts de nattes ou de tapis, et forment une espèce de canapé sur lequel toute la famille s'assied et travaille. Les classes plus élevées ont des lits plus commodes; mais elles ne se chauffent aussi que par la chaleur de fourneaux enclavés dans le mur et s'allumant par dehors.

Les divers gouvernements d'Asie, comme ceux de l'Europe, peuvent avoir quelques rapports entre eux; les usages, les mœurs de la Chine sont uniques, invariables : ils ne se rapprochent en aucune manière de ceux d'aucun peuple connu. Les Chinois sont toujours ce qu'ils ont toujours été; ce peuple particulier est peut-être le seul qui ait conservé les marques caractéristiques de sa première origine, ses habitudes, ses doctrines, ses lois primitives; et, dans ces longues successions de siècles, ces révolutions politiques qui ont plus ou moins changé la face du monde, ces premiers descendants de Noé, même sous leurs nouveaux maîtres, sont restés les mêmes de ce qu'ils étaient il y a quatre mille ans.

La morale divine, la religion, base fondamentale des États, principale base sociale, s'est soutenue et conservée en Chine, jusqu'à nos jours, telle qu'elle y a été introduite par ses premiers pères, sortis des plaines de Sennaar; l'ignorance, les superstitions populaires qui en sont le fruit, les siècles qui se sont succédé, les diverses sectes qu'ils ont vues naître, ces rêves philosophiques, ne l'ont point altérée, et, quoi qu'on en ait pu dire, sa morale, ses doctrines primitives, sont restées les mêmes : elles ont remonté d'âge en âge, d'époque en époque, jusqu'au temps du renouvellement de la race humaine, et se sont maintenues, à travers les révolutions, depuis les temps les plus reculés jusqu'aux temps les plus modernes.

Cette constance nationale, cette persévérance, traits les plus caractéristiques de cette antique nation, qui, comme on l'a dit très spirituellement, passa, pour ainsi dire, immédiatement de l'arche de Noé dans l'arche sociale, on les voit dans ses mœurs, dans ses institutions, dans son gouvernement comme dans son culte, même dans sa langue : son caractère, sa physionomie, sont, aux temps modernes, ce qu'ils étaient aux temps primitifs.

Les Chinois mettent au rang des premières et principales vertus sociales d'abord la religion, qui en est l'âme comme elle est la source de toutes les vertus; la piété filiale, le mariage, la décence publique. — La piété filiale est, chez eux, ce que l'amour de la patrie était dans les anciennes républiques : ils la regardent comme un des plus puissants ressorts des gouvernements, comme leur palladium social et gouvernemental : aussi cette vertu est-elle, en Chine, ce qu'on vénère et ce que l'on respecte le plus. Le souverain ne voit dans ses sujets que ses véritables enfants; les sujets ne voient dans leur souverain que le père de la famille. Nulle part l'autorité paternelle n'a plus de force : c'est le lien qui unit le plus étroitement le prince au sujet, le sujet au prince; nulle part on ne lui attribue plus de puissance; nulle part les devoirs paternels et filiaux, les règles des bienséances sociales, ne sont mieux tracées, mieux observées. La morale que l'on enseigne aux Chinois sur ce sujet est sublime; elle mérite d'être placée à côté des maximes de nos plus grands philosophes. En voici quelques traits :

La première des vertus de l'homme est d'honorer dans la personne de ses auteurs ceux qui l'ont produit; le père est, à l'égard du fils, ce que le ciel est aux choses d'ici-bas; le fils est à son père ce qu'est le sujet à l'égard de son roi.

La piété filiale du prince double toutes les vertus de ses sujets.

Tout scélérat a commencé par être mauvais fils.

Toutes les vertus sont en péril, quand la piété filiale est attaquée.

Louer son fils, c'est se vanter; blâmer ses père et mère, c'est se flétrir.

Tout ce qui porte atteinte à la piété filiale est une calamité publique; tout ce qui l'augmente est un coup d'État, etc.

Doctrine admirable dont on ne saurait trop se pénétrer, et qu'on ne saurait trop propager.

En France, la royauté ne vaque jamais : le roi est mort, vive le roi; en Chine, la piété filiale, que l'habitude, l'usage, la religion, ont transformée en loi, veut que le fils qui succède au trône de son père en donne l'exemple. Le deuil des Chinois dure trois ans; ce n'est point un deuil de forme, de convenance, d'étiquette : c'est le deuil du cœur, un deuil rigoureux qui assujétit à toutes les privations, pendant toute la durée duquel les rènes de l'État sont confiées à des chefs mandarins; le règne du nouveau roi ne commence qu'à l'expiration de son deuil triennal.

Après la piété filiale, les Chinois considèrent le mariage comme un autre lien social non moins puissant, le lien le plus nécessaire au maintien de l'ordre; la décence publique est aussi ce qu'il y a de plus respecté en Chine : les peines les plus sévères y sont infligées à tous perturbateurs du repos des familles: le suborneur d'une femme, le séducteur d'une fille, sont également punis de mort.

Les mœurs anciennes ont une certaine analogie entre elles : cette austérité de principes, cette candeur, cette sagesse, que l'on admire dans les peuples du premier âge, chez les premiers Chinois, comme chez les Égyptiens, dont l'antique origine est à peu près contemporaine, elles se sont affaiblies par les effets graduels d'une civilisation plus ou moins corrompue, qui a fait gagner en lumières ce qu'elle à fait perdre en moralité.

A la suite de ce qu'on vient de lire, il est inutile de dire que le gouvernement chinois est tout paternel, que les fautes que l'on punit le plus sévèrement sont celles qui blessent les intérêts du peuple.

On juge, en Chine, l'homme par son mérite, et non par son argent : la vénalité des charges n'y est point connue; le pauvre et le riche sont admis aux mêmes emplois; il n'est pas rare de voir le fils d'un simple laboureur, d'un simple artisan, s'élever aux plus hautes dignités; la classe des agriculteurs a fourni de grands hommes à la Chine; cette classe, regardée comme la plus utile à la société, y jouit des plus grands priviléges, comme elle y jouit de la plus grande considération ; l'agriculture , mère-nourricière du genre humain, source principale de la richesse chinoise, est ce qu'on encourage le plus; l'empereur, tous les ans, ouvre l'année agricole : il trace le premier sillon, sème le premier grain, fait la première récolte; il distribue des récompenses aux principaux laboureurs dont les travaux ont été les plus productifs, les admet à sa table; l'empereur est le premier laboureur de son empire.

Le code des lois civiles de la Chine n'est qu'un recueil de préceptes et de maximes puisés dans la morale des livres religieux : la piété filiale en est la base, comme elle est la base du gouvernement. Les lois, en Chine, sont enseignées au peuple, comme ailleurs on lui enseigne les dogmes de sa religion; le mandarin, gouverneur de province ou de ville, assemble, à des époques fixées, le peuple autour de lui, pour lui expliquer les lois, le maintenir dans l'obéissance qui leur est due, le diriger dans les voies d'ordre et de salut, lui recommander le respect dû aux parents, aux supérieurs, la tempérance, la modestie, l'économie ; lui inspirer l'amour du bien, la crainte du mal, celle du châtiment : c'est ainsi que, dans cette terrre de mœurs patriarchales, on apprend au peuple, à apprécier ses devoirs sociaux en même temps que religieux, afin de pouvoir mieux les pratiquer. Cet usage, d'ailleurs, est fort ancien, il remonte à l'origine des sociétés : les Druides instruisaient aussi le peuple de ses devoirs religieux, civils et politiques.

On voit, par ce qui précède, que le grand principe qui en Chine domine tous les autres, le pivot sur lequel tout tourne, est la *piété filiale,* principe sur lequel s'appuient les lois et le gouvernement pour établir et fortifier leur puissance : ce principe est tiré de ce que nous devons à l'homme qui nous a produit ce que nous devons à Dieu, qui a produit l'homme; l'autorité royale prend sa force de l'autorité paternelle, l'autorité paternelle prend sa force de l'autorité divine. Ces principes sont observés avec une sévérité telle que, d'après les lois civiles, un fils conserve sa minorité durant toute la vie de son père; et les lois criminelles, plus sévères encore, frappent des peines les plus rigoureuses les fautes d'un fils envers ses auteurs. Est puni de cent coups de bâton celui qui manque à ses père et mère ; s'il se porte à des injures ou à des voies de fait contre eux, il est étranglé ou décapité; s'il les blesse, il est tenaillé et coupé par morceaux. La rigueur de ces dispositions pénales, qui dérivent du même principe, reçoit, il faut le dire, fort rarement son application : il est peu d'exemples qu'on l'ait encourue. On admire et l'on estime plus en Chine le juge dont la sagacité a su, à travers tous les détours de la ruse ou de la calomnie, reconnaître un innocent, que démêler un coupable; aucun arrêt de mort n'est exécuté sans avoir été soumis à la sanction du souverain, qui ne la donne qu'après un mûr examen, et qu'après s'y être préparé par le jeûne.

En Chine, le pouvoir suprême réside dans la personne du souverain; il est maître absolu, arbitre des destinées du peuple, de la vie ou de la mort de ses sujets; mais il en est aussi le père et le soutien; son gouvernement rappelle celui des anciens patriarches, l'autorité toute paternelle qu'ils exerçaient sur la grande famille. Le pouvoir absolu est d'ailleurs en Chine aussi ancien que l'empire; il a commencé avec lui et n'a point changé; la place n'y fait pas l'homme, c'est l'homme qui fait la place, c'est son mérite qui l'obtient; un fils incapable ne succède point à un père habile; la fortune, le rang, ne sont rien sans la capacité : la couronne même ne passerait pas au prince héréditaire, s'il était reconnu qu'il ne fût pas en état de la porter, et passerait sur la tête de son puîné, si celui-ci en était plus capable.

Il n'y a que deux classes en Chine, la noblesse et le peuple. La noblesse n'y est point héréditaire : le mérite la fait, l'empereur la donne, il la retire ou la continue selon le cas. Le père ne transmet pas sa noblesse à son fils, mais le mérite du fils peut la conférer à son père; pour être mandarin, il faut réunir les conditions de capacité voulues, subir des examens sévères; la naissance ne donne droit ni aux titres ni aux dignités. On compte en Chine environ quinze mille mandarins lettrés, qui se divisent en huit ordres; c'est dans le premier que l'empereur choisit son conseil, ses ministres, les présidents des cours souveraines, les officiers de sa maison, les chefs de la milice, etc.; dans le second, qui signifie, en langue chinoise, *hommes de capacités,* sont choisis les vice-rois, les présidents des tribunaux supérieurs de provinces, etc. On donne le nom d'*école des mandarins* à ceux du troisième ordre; ils remplissent ordinairement les fonctions de secrétaire près de l'empereur; les mandarins du quatrième ordre ont la surveillance des établissements impériaux, ils sont chargés de l'inspection et de l'entretien des portes, des barques et établissements publics; le cinquième ordre à l'inspection des troupes, le sixième celle des grandes routes, le septième celle des rivières et canaux, le huitième, celle des ports et des rivages de la mer. Les gouverneurs des villes et des provinces, les membres des tribunaux, sont choisis dans les trois premiers ordres; le mandarin est le représentant du père de la grande famille, il doit être le père de ses administrés, de la province ou de la ville dont l'administration lui est confiée; on lui doit le même respect, on lui rend à peu près les mêmes hommages; cette règle, rarement le chef et le peuple s'en écartent, tant est profondément enraciné chez ce peuple extraordinaire le grand principe dominant qui unit si étroitement l'autorité à l'obéissance, l'obéissance à l'autorité.

Indépendamment de ces divers ordres de mandarins formant le premier corps de l'État, il en est un autre que l'on appelle mandarins d'armes : ce sont les chefs de l'armée; leur nombre est d'environ vingt mille; ils se divisent en cinq classes : la première est celle des mandarins de l'arrière-garde, la seconde est celle de l'aile gauche, la troisième de l'aile droite, la quatrième et la cinquième celles des mandarins de l'avant-garde; ces cinq classes forment cinq tribunaux subordonnés au tribunal suprême de la guerre, siégeant à Pékin, dont le chef, un des plus grands seigneurs de l'empire, étend son autorité sur toute l'armée; ce chef a quelque analogie avec les anciens connétables, mais son pouvoir est balancé par un intendant d'armes et des inspecteurs, dont les décisions sont encore soumises à la révision d'une cour souveraine. La classe militaire est moins considérée en Chine que la classe lettrée; elle y est moins encouragée : dans ce pays de paix, l'estime que l'on porte aux gens de guerre semble cesser quand leurs services sont finis; récompenses, distinctions, honneurs, avancement, émulation, encouragement dans les temps périlleux; services rendus, services presque oubliés quand le péril a cessé. C'est là une des causes de la faiblesse des armes chinoises, une des causes à laquelle on attribue la conquête de la Chine par les Tartares; ceux-ci mêmes ne sont plus ce qu'ils étaient, depuis qu'ils se sont fondus dans la nation, et que leurs usages se sont identifiés avec les usages nationaux.

On évalue les forces militaires de la Chine à plus de 700 mille hommes; bien vêtus, bien équipés, bien armés, bien nourris, bien payés, leurs jeunes bras ne sont point enlevés à la terre ni au travail; ils vivent généralement dans leur famille, et partagent paisiblement leur paie avec elle, ayant rarement occasion de se rappeler qu'ils sont soldats. On compte en Chine plus de 2000 places de guerre de différentes classes, environ 3000 châteaux forts ou tours, défendus par des garnisons et répartis dans toute l'étendue de l'empire, que la nature semble avoir elle-même pris soin de fortifier ; la mer d'un côté, des montagnes inaccessibles de l'autre, forment ses remparts à l'est et à l'occident, et la grande muraille flanquée de tours, qui parcourt 500 lieues d'étendue, sur laquelle six cavaliers peuvent marcher de front, le défend au nord. Ce prodigieux ouvrage, un des plus surprenants qui soient jamais sortis des mains de l'homme, pourrait être regardé comme une huitième merveille du monde.

Les divers départements de l'administration intérieure se nomment en Chine tribunaux. Le premier de tous est le grand conseil de l'empereur, composé des ministres d'État, des présidents des tribunaux supérieurs; c'est la cour suprême. — Chaque branche de l'administration a son tribunal supérieur ou cours souveraines, et ses tribunaux inférieurs; les tribunaux supérieurs ou cours souveraines, au nombre de six, sont respectivement chargés de l'administration de la justice civile et criminelle, des finances, des travaux publics, de la guerre, etc. Ce régime administratif a, comme on le voit, beaucoup de rapport avec le nôtre, sauf les différences des noms, et encore à cette différence près qu'aucun tribunal, même supérieur, n'a dans le ressort de son administration aucun pouvoir absolu; son autorité s'étend à d'autres tribunaux, mais elle est aussi soumise à l'autorité de ceux-ci; l'un a sur l'autre un droit de contrôle; les décisions d'aucuns d'eux n'ont d'effet que par le concours d'un ou de plusieurs autres; ainsi, la quatrième cour, qui est celle des armes, a la direction des troupes de l'empire, mais la sixième cour est chargée de tout ce qui tient à l'équipement, et c'est la deuxième cour, la grande trésorerie chargée de l'administration des finances, qui ordonnance et fait les paiements.

Trois autres tribunaux, qui n'ont peut-être pas leur pareil ailleurs, complètent l'administration intérieure de la Chine, et sont, sans contredit, ce qu'il y a de plus remarquable: ce sont, le *tribunal des censeurs*, le *tribunal de l'histoire*, le *tribunal des princes*. Celui-ci n'est composé que de princes, auxquels sont adjoints quelques mandarins remplissant des fonctions subalternes. Ce tribunal tient les registres de l'état civil de la famille impériale; les grades, les titres, les dignités, les mariages, y sont inscrits, aussi bien que la naissance et le décès; c'est devant lui que sont portées les accusations princières, il absout ou condamne à sa volonté.

Tout ce qu'il y a de plus distingué dans l'empire en hommes de génie, de lettres, de science, compose le *tribunal de l'histoire :* c'est à eux qu'est confiée l'éducation de l'héritier du trône; la rédaction de l'histoire nationale; ce sont les conservateurs des annales anciennes et contemporaines, les archivistes de l'empire.

On conçoit aisément tout ce que doit exercer d'influence une semblable institution et sur l'esprit du chef, et sur celui de tout homme destiné, par sa position sociale, à paraître un jour devant ce tribunal redoutable, pour s'y voir juger selon ses œuvres : quelle réserve, quelle prudence ils doivent observer dans leurs actes au moins ostensibles, dans toute leur conduite politique ; quelles heureuses conséquences peuvent résulter pour eux comme pour le pays de cet admirable frein des ambitions humaines.

Mais une institution non moins admirable encore, et qui est toute particulière à la Chine, c'est celle des *censeurs :* jamais rien de plus curieux, de plus sage, de plus influent sur les mœurs d'une nation, de plus instructif pour les autres, ne figura dans les pages de l'histoire; jamais tribunal n'exerça plus d'empire, un empire plus utile que celui des *censeurs de la Chine*, dont la juridiction s'étend depuis le plus petit sujet jusqu'au monarque. Les censeurs observent tout, prennent note de tout; ils surveillent la conduite des particuliers, comme celle des mandarins; chaque tribunal, chaque cour souveraine, chaque administration, est soumis à son investigation; l'empereur lui-même n'en est pas exempt; ses actes sont quelquefois l'objet de leur censure; permis à eux de faire au souverain telle remontrance utile qui ne s'écarterait pas du respect qui lui est dû; c'est à lui qu'ils adressent leurs observations sur ce qu'il peut y avoir d'irrégulier, de contraire aux lois et aux mœurs, soit chez les particuliers, soit dans l'administration publique, soit dans les affaires de l'État; ce tribunal est redouté de toutes les classes, de celles qui commandent, comme de celles qui obéissent; il tient chacun dans les limites de ses devoirs, il punit ceux qui s'en écartent.

Ce tableau des mœurs administratives de cette étonnante nation serait imparfait, si l'on n'y ajoutait un dernier trait, qui peindra mieux que tout le reste leur rigidité, leur singularité. Tout mandarin d'armes ou de lettres, fonctionnaire, administrateur, dignitaire, est tenu de faire tous les trois ans l'état sommaire de ses actes et des fautes qu'il a commises dans l'exercice de ses fonctions; cet état est envoyé à la Cour, il est mûrement examiné; des recherches sont faites pour s'assurer si cet aveu a toute l'étendue qu'il devait avoir; le mal ou le bien sont pesés, des peines ou des récompenses sont infligées ou décernées, selon la gravité des fautes ou l'importance des services rendus; quelle puissance de moyens pour entretenir dans l'administration des affaires publiques le bon ordre et l'émulation? Que de sages et utiles leçons pourraient sortir de cette grande école des institutions antiques pour nos institutions modernes, si l'on savait ou si l'on ne dédaignait pas les mettre à profit?

Déjà on a dû remarquer dans l'administration intérieure de la Chine quelques traits de ressemblance avec la nôtre; je viens de faire ressortir les différences; l'intérêt des familles chinoises qui composent la grande famille est tellement lié, que tous se prêtent un mutuel secours, lorsqu'il s'agit de maintenir le bon ordre, exerçant les uns sur les autres une police respective; les villes ont leurs quartiers, chaque quartier a son chef; celui-ci veille sur un certain nombre de rues ou de maisons, il répond de ce qui s'y passe; le père de famille répond de ses enfants et de ses domestiques; cette responsabilité est en raison de l'autorité qu'il exerce sur eux; les voisins veillent sur leurs voisins, ils doivent s'entr'aider, s'entre-secourir. Chaque ville à ses portes, chaque rue à ses barrières; elles sont fermées la nuit, qui est destinée au repos, comme le jour est destiné au travail; tous divertissements qui mènent à l'oisiveté sont interdits. Dans ce pays où l'ignorance n'est jamais rien, où le mérite seul est quelque chose, et conduit à tout, l'étude est encouragée, elle est aussi la principale occupation.

L'étendue et la grande importance du commerce intérieur de la Chine supposent une jurisprudence, une administration commerciale : les recherches que j'ai faites à ce sujet n'ont amené aucun résultat; les connaissances traditionnelles que nous ont laissées sur ce pays les pères missionnaires qui, les premiers, ont écrit sur la Chine, et les auteurs qui les ont euxmêmes consultés; ont passé en oubli, sinon négligé, cette partie essentiellement intéressante du régime commercial; c'est une lacune que j'aurais désiré pouvoir remplir, et dont je me suis infructueusement occupé; à d'autres le soin d'y suppléer. La partie commerciale est ce qui paraît avoir le moins fixé l'attention de ces premiers écrivains, soit par le peu d'intérêt qu'ils y attachaient, soit parce qu'ils n'en faisaient pas l'objet principal de leurs études, et les documents qui nous ont été transmis, même par les auteurs qui se sont particulièrement livrés à l'étude du commerce chinois, laissent aussi la même chose à désirer.

Je finirai cet opuscule philosophique et moral, en même temps que commercial, par quelques données sur le système financier du pays qui m'occupe, et sur l'idée que l'on s'y est toujours faite et que l'on s'y fait encore du commerce; je passerai ensuite à la conclusion.

L'on évalue à près d'un milliard et demi les revenus publics de l'empire chinois. Jamais la dépense n'y excède la recette; jamais d'emprunts, point de dette publique. Cette lèpre sociale, dont la contagion s'est propagée en Europe, n'a pas encore gagné ces contrées. L'impôt se paie ou en nature ou en argent, le laboureur paie en grains, le cultivateur de vers à soie paie en soie, le jardinier en fruits, le fabricant en produits; et les pensionnaires et employés de l'État sont aussi payés de même : on leur fournit de quoi se nourrir, se vêtir; les droits des ports, des douanes, ceux sur les marchandises, les thés, les sels, sont ceux qui se paient en argent; aucune taxe ne frappe l'industrie, le commerce ni l'artisan; la taxe des terres en nature ou en argent est la principale source du revenu public; elle est aussi le véritable, en ce qu'il n'est de revenu réel que celui qui se renouvelle tous les ans. Ce revenu est réglé d'après un cadastre existant depuis longtemps; les Chinois, comme on le voit, sont plus avancés que nous....

La monnaie chinoise est d'argent et de cuivre; sa valeur est absolument intrinsèque; l'or est réputé marchandise.

On ne pense point en Chine que l'or et l'argent constituent la richesse du pays, et que la quantité et l'accroissement de ces métaux puissent contribuer à l'augmentation de la fortune publique, au bien-être de l'État, à qui, selon ce système, il ne faut qu'une masse d'argent relative à ses besoins, comme aux besoins des particuliers. L'argent, disait il y a **2000** ans un philosophe chinois, n'enrichit un royaume qu'autant qu'il y entre par le commerce. Les mines de fer, de cuivre, de plomb, d'étain, que renferme le pays, sont exploitées en raison de leur utilité et de la grande consommation de ces métaux; celles des matières précieuses sont fermées.

Annuellement, et à peu de frais, on recueille des sommes considérables de la poudre d'or que roulent après eux les torrents et les rivières, et de laquelle on fait des lingots; considérant que les bras que l'on emploierait à l'exploitation des mines seraient autant de moins pour l'agriculture.

Les économistes chinois ont une manière de voir tout à fait différente que nous, dans tout leur système financier et économique, comme sur le commerce en général : l'intérêt légal, par exemple, est de 30 pour cent l'an, 3 pour cent par mois, qui est le mois lunaire, et l'élévation de ce taux est l'effet de la politique du gouvernement, qui considère la facilité de l'emprunt comme une chose essentielle à la société, et cette facilité comme une suite nécessaire du haut intérêt qui assure un secours plus prompt à ceux qui ont besoin, par un appât plus grand pour ceux qui prêtent, assurant aussi à ceux-ci un remboursement plus prompt, en raison du grand intérêt qu'a l'emprunteur de se libérer plus tôt. Certains philosophes chinois regardent l'élévation de l'intérêt comme un frein pour le dissipateur, ou comme un moyen de ruine qui tourne à l'avantage de la société, en la débarrassant plus tôt de leur inutilité et de leur mauvais exemple. Dans toutes sociétés constituées, disent-ils, chacun paie ou doit payer son tribut d'utilité : le prince et les grands gouvernent, les gens de guerre servent à la défense du pays, les magistrats rendent la justice et font respecter la loi, les lettrés administrent et font les lois, le cultivateur ensemence son champ et pourvoit aux besoins de tous, le négociant fait son commerce, l'artisan travaille; le parasite pécunieux promène son oisive inutilité; il moissonne sans semer et jouit de tout sans avoir besoin de rien, semblable à la mousse qui se nourrit du suc de l'arbre où elle est attachée : il s'engraisse des sueurs des autres, et les calamités sont pour lui de bonnes fortunes.

Dans ce pays de vieilles doctrines et d'antiques usages, on ne voit point ce contraste affligeant du luxe effréné de la richesse à côté de la pauvreté; on y proscrit le luxe pour ne pas augmenter chez le peuple le sentiment de sa misère; l'aristocratie de l'argent, cette fille de l'égoïsme, n'est point connue en

Chine; il n'y a pas de ces grandes fortunes envahissantes, mais il y a de l'aisance, cela vaut mieux ; les Chinois visent d'abord au nécessaire, pour se procurer ensuite le commode : l'abondance du superflu, qui est le luxe des uns, suppose toujours, disent-ils, le manque du nécessaire chez les autres : plus les riches mettent de chevaux à leur char, plus on voit de gens qui vont à pied; plus leurs maisons sont vastes et magnifiques, plus celles des pauvres sont petites et misérables ; plus leur table est couverte de mets, plus il y a de malheureux réduits à n'avoir que du riz.—Que de pays plus rapprochés, plus avancés en civilisation, où, sans aller en Chine, l'on reconnaîtrait ces tristes vérités. . . .

Les Chinois se font du commerce une idée toute particulière : ils n'y voient d'avantage qu'autant qu'il se borne à les débarrasser de ce qu'ils ont de trop, pour leur procurer ce dont ils n'ont pas assez. — Ainsi, ils regardent comme nuisible celui qui se fait à Canton, en ce qu'il leur enlève, disent-ils, les objets qui leur sont nécessaires en augmentant le prix de ceux qui restent; en principe d'économie commerciale, la balance de commerce qui s'opère en argent est pour nous celle qui paraît la plus profitable; en Chine, où l'on ne pense pas comme ailleurs, les échanges qui fournissent aux besoins et servent à écouler le superflu sont à quoi l'on s'attache le plus, le reste est regardé comme surabondant, et la surabondance de l'argent, ainsi que celle des objets d'inutilité, ne font, selon cette manière de voir, qu'augmenter les besoins, qu'engendrer le luxe. Les économistes chinois mettent en principe qu'un État est plus riche avec un *moindre* travail qui produit *plus* qu'avec un *plus grand* travail qui produit *moins;* plus riche avec moins d'argent, en ce qu'il a plus de valeur, qu'avec de grandes quantités qui diminuent d'autant sa valeur.

Ces principes sont, comme on le voit, bien différents des nôtres; mais la nation chinoise se fait remarquer par une physionomie toute particulière, un caractère qui n'appartient qu'à elle; son organisation sociale, comme son organisation physique, a le même type d'originalité; toute singulière dans sa manière d'être, elle doit singulariser aussi dans sa manière de voir. Je n'ai pas entendu m'ériger en panégyriste de ses mœurs, de ses usages, de ses institutions, de ses doctrines : je me suis seulement attaché à faire ressortir ce qu'il y a de plus saillant, de plus remarquable, afin d'établir des moyens de comparaison toujours profitables; je n'ai montré que le beau côté de la médaille, à d'autres le soin d'examiner le revers; on sait que les imperfections sont toujours à côté des perfections; la Chine a ses partisans, comme elle a ses détracteurs : je ne suis ni l'un ni l'autre; j'ai pensé qu'il y avait plus à gagner à étudier les vertus, les qualités d'un peuple qu'à s'appesantir sur ses vices ou ses défants; il en est en Chine comme ailleurs, puisqu'il n'est point de société parfaite, pas plus qu'il n'est d'hommes parfaits.

Lorsqu'on écrit en vue d'être utile, il faut d'abord s'attacher à ce qui est bien, en ce que ce qui est bien est toujours utile; on est toujours à temps de s'occuper de ce qui est mal, et quel que puisse être le revers de la médaille pour ceux qui la retourneront, le mal ne détruira pas le bien : il restera toujours pour vrai, de la contre-partie, que la Chine est un pays de grandes ressources; les Chinois, un peuple extraordinaire, unique, digne de fixer l'attention, et sur lequel tous les regards aujourd'hui semblent se porter.

Un homme vénéré autant que vénérable, dont l'expérience fait autorité; un de ces hommes que l'on se plaît à consulter, après avoir bien voulu, par intérêt pour l'importance du sujet, lire mon manuscrit, me faisait cette réflexion

judicieuse, conséquence naturelle d'un jugement exercé; habitué à saisir le fort et le faible des hommes et des choses, il me disait : « Comment un pays qui
« fournit aux besoins de ses habitants,
« un peuple de la nature de celui dont
« vous venez de tracer l'esquisse, se-
« rait-il propre à encourager des en-
« treprises commerciales ? Pourquoi
« ce peuple, depuis des siècles si atta-
« ché à ses usages, à ses mœurs, à son
« gouvernement, changerait-il aujour-
« d'hui ? »

J'avais déjà prévu l'objection en commençant cet écrit, et pesé sa valeur, la réponse était préparée.

Semblables à ces plantes qui prennent racine et meurent sur le sol où elles ont été plantées, les Chinois, constamment isolés, livrés à eux-mêmes, éloignés pour ainsi dire de tout commerce étranger, sont restés attachés à leurs usages, parce qu'ils n'en connaissent pas d'autres : leurs mœurs n'ont point été altérées par le contact de mœurs hétérogènes; des plantes exotiques ne sont point venues s'implanter à côté des plantes indigènes, et leur communiquer leur principe délétère. L'industrie nationale est restée la même; faute d'objets de comparaison, de moyen d'émulation, de perfectionnement; on dédaigne en Chine les superfluités d'art et de luxe, n'étant pas en état d'en apprécier les besoins; toutes ces commodités, ces confortabilités de la vie (*the comforts of life*), que les Anglais surtout connaissent si bien, les Chinois les ignorent, mais ils y prendraient goût s'ils les connaissaient, car ce sont des hommes, et les hommes ont les mêmes besoins. La mode, cette reine des reines, n'a pas encore transporté son trône dans le céleste empire; tôt ou tard elle ira y exercer sa puissance, et soumettre à ses lois ce peuple rebelle. Bientôt les mers de l'Indo-Chine verront flotter le pavillon français; le temps viendra, il faut l'espérer, et ce temps n'est peut-être pas éloigné, où l'on verra aussi le commerce d'Europe planter ses étendards depuis Canton jusqu'à la grande muraille; alors doit s'opérer, et alors s'opèrera insensiblement la révolution destinée à changer un jour la face de la Chine, révolution qui doit être la conséquence graduelle des rapports qui s'ouvriront, et dont les éléments se développeront à mesure que ces rapports se multiplieront.

L'isolement d'un peuple donne à sa physionomie un caractère particulier qui se perd par la communication, le contact étranger : c'est à leur isolement que les Chinois doivent la conservation de leur caractère primitif; cet isolement peut-être sans exemple dans l'histoire tient à leur position naturelle, qui leur permet de se passer des autres, pouvant se suffire à eux-mêmes; mais, dès l'instant que des points de contact s'établiront par l'ouverture des ports aux étrangers, à cette persévérance séculaire succèdera un état de choses nouveau qui, peu à peu, retrempera la nation, et fera d'un vieux peuple un peuple neuf, un peuple régénéré. Déjà un grand pas est fait; faut-il dire que nous le devons à nos rivaux : leur colonie anglo-chinoise de Hongkong commence à prendre une physionomie européenne; ces effets de l'isolement et des communications dont nos voisins nous ont déjà offert l'exemple, faut-il aller le chercher en Chine, quand il est si près de nous?

Qui n'a pas vu l'Angleterre avant la paix de 1814 ne l'a pas connue ; c'est en 1810, après une interruption de communications pendant une longue suite d'années, qu'il fallait voir l'Angleterre et les Anglais : alors on eût reconnu un Français entre cent Anglais, un Anglais au milieu de cent Français; chacun avait son type particulier de nationalité; la mise, la tournure, les usages, le pays, tout était différent, tout annonçait deux peuples bien distincts; la paix est venue qui les a rapprochés; les deux nations se sont pour ainsi dire fondues l'une dans l'autre; leurs goûts, leurs usages, leurs modes, sont passés d'une rive à l'autre; de ce rapprochement, de cette fusion qu'est-il résulté? Qu'il y a aujourd'hui entre les deux pays identité de personnes et de choses.

Puissions-nous, à la suite des rapports qui vont s'ouvrir avec cette grande partie de l'Asie, y voir un jour s'opérer aussi la même fusion; puissent les délégués de la nation et de l'industrie française, chargés de la haute mission d'ouvrir les premières voies, bien comprendre la nature, les devoirs, les difficultés de leur position délicate, afin d'arriver au but désiré. De ces préliminaires de leur réussite comme de leur insuccès dépend, il ne faut se le dissimuler, la solution de cette intéressante question d'avenir pour le commerce national; le chemin qui s'offre devant nous est glissant, il est épineux; une fausse route pourrait non-seulement nous éloigner du but, mais nous empêcher de l'atteindre; il faut y prendre garde : les hommes auxquels nous allons avoir affaire sont graves, pensants, froids observateurs; ils sont adroits : il faudra penser aussi, et faire en sorte d'être aussi adroits qu'eux; flatter leurs goûts, leurs habitudes, pour les amener à se faire aux nôtres : c'est en flattant les hommes qu'on les dispose favorablement. L'occasion est belle, puisse-t-elle réveiller l'émulation nationale, et porter ses fruits en dépit de nos rivaux; mais il ne faut pas non plus se dissimuler que si de ces premiers rapports dépendent les rapports futurs, de même, des premières expéditions dépendront les expéditions ultérieures; le discernement et surtout la bonne foi qui présidera à nos premiers essais influera beaucoup sur les résultats; le commerce, il faut le dire à regret, est dans un état de démoralisation tel, qu'il est à craindre qu'on ne pèse pas assez les considérations propres à inspirer de la confiance à ces étrangers, à accréditer chez eux notre commerce national et à assurer ainsi la préférence à nos produits.

Il est de ces exemples de cupidité, de turpitudes commerciales, que le commerce probe et honnête n'eut que trop souvent à déplorer. Ces abus déshonorants, ces saletés, bien qu'elles ne salissent que leurs auteurs, ne rejaillissent pas moins sur la masse commune, qui a intérêt à les signaler, afin de provoquer leur répression. Le commerce, en France, est, il faut l'avouer, généralement égoïste; il est mû par l'intérêt particulier plutôt que par l'intérêt général; il n'y a point de *nationalité commerciale*, on s'isole de la masse, et dès qu'on réussit, qu'importe le moyen, qu'importe la *nationalité :* il suffit de réussir.

Dans nos relations non-seulement avec la Chine, mais encore avec toutes les parties des Indes orientales, où le commerce national pourrait porter son pavillon, il ne doit avoir d'autre but, d'autre désir que de voir s'étendre ses débouchés, que de se procurer des moyens d'écoulement proportionnés au développement de son industrie; surtout de s'affranchir de ces tributs onéreux payés aux étrangers, en s'efforçant de soutenir leur concurrence, d'obtenir les protections nécessaires contre les envahissements de ces rivalités étrangères.

Pour parvenir à ce but, qui est celui que je me suis proposé en publiant cet écrit, la réunion de *conditions préalables* est indispensable.

De la part du gouvernement, encouragements résultant de ces mêmes protections, modification des tarifs, substitution de droits protecteurs aux droits prohibitifs ou prohibitions, établissement de factoreries dans les ports ouverts au commerce de l'Europe, de consulats composés non de diplomates mais d'économistes, non d'hommes titrés, mais d'hommes de commerce, capables d'assurer notre prépondérance commerciale et en position de le faire;

création au ministère de l'agriculture et du commerce d'un *bureau spécial des relations indo-chinoises,* qui serait le centre unique de tous les renseignements recueillis et transmis par les agents consulaires, le foyer de toutes les lumières, de toutes les *connaissances océaniques,* propres à éclairer le commerce, à le guider dans la direction de ses opérations; c'est ainsi qu'en Angleterre la Compagnie des Indes reçoit directement de ses agents, gouverneurs, capitaines, subrécargues, etc., etc., les comptes-rendus, observations, avis, sur tout ce qui se fait ou pourrait se faire, et réunit continuellement le corps le plus complet de renseignements sur tout ce qui peut concerner ses intérêts dans toute l'étendue de sa domination commerciale.

De la part du commerce, d'abord franchise et loyauté dans ses transactions, condition première sans laquelle il n'est point de confiance, sans la confiance point de commerce; faire bien, expédier de bonnes marchandises, non de celles qu'on est convenu d'appeler *pacotille,* faites pour la vue plus que pour l'usage, et qui ne font que discréditer nos produits sur les marchés étrangers; ne pas encombrer ces marchés, ce qui arrive presque toujours lorsqu'il s'ouvre un nouveau débouché; ensuite, discernement, prudence, ce sont là les conditions essentielles que de part et d'autre il faut avant tout remplir pour opérer efficacement; ce sont là les bases sur lesquelles doivent reposer les premières pierres de l'édifice dont on s'occupe de réunir les matériaux; je ne crains même pas de dire, et je le dirai avec cette conviction que donnent l'expérience et la connaissance du sujet, l'inobservance de ces conditions, soit qu'on les dédaigne, ou soit qu'on les néglige, aurait immanquablement pour effet de renverser l'édifice avant qu'il soit debout; ce serait jeter des semences au vent, avec la certitude de n'en recueillir au cuns fruits, sinon que de mauvais fruits.

La balance du commerce avec l'Indo-Chine serait onéreuse, si elle ne s'opérait par suite d'échanges; et ces échanges ne sont possibles qu'autant que les moyens de retour soient possibles; or, ces retours, qui jusqu'à présent n'ont pu s'effectuer qu'au moyen de frais énormes, qu'en subissant les conditions *ruineuses d'agents anglais,* ne seront désormais possibles qu'à l'aide des nouvelles dispositions fiscales que commandent nos intérêts commerciaux dans cette partie de l'Asie, comme aussi à l'aide de comptoirs français, où ces intérêts puissent être représentés, secondés comme il convient.

Ce n'est point de la *diplomatie* qu'il faut en Chine, c'est de *l'économie commerciale;* ce sont des hommes nationaux expérimentés, voués aux intérêts du pays, au fait de ses besoins. Il n'en est point des *consulats* comme des *ambassades :* ceux-ci sont au commerce ce que les autres sont à la politique ; et ce n'est pas de la politique, c'est du commerce qu'il faut faire avec les Chinois ; c'est un commerce loyal, approprié à leurs besoins, à leurs ressources, à leurs goûts, à leurs habitudes, à leurs mœurs ; un commerce qui leur soit agréable, utile ; c'est le moyen de le rendre lucratif pour nous, et d'obtenir la préférence sur nos rivaux. Et, quand les hommes qui tiennent le gouvernail du vaisseau de l'État, les pilotes du commerce, et le commerce lui-même, se prêtant un mutuel appui, auront fait tout ce qu'il faut pour cela ; quand ils ne dédaigneront point les sages avis, ils verront arriver richement chargés les vaisseaux du commerce dans les ports chinois et dans les ports français ; le commerce alors, sortant de son apathie, stimulé par l'appât du succès, finira par se dégager des honteux tributs qui lui sont onéreusement imposés ; alors, mais alors seulement pourront s'effectuer avec quelque confiance les opérations maritimes, et les capitaux s'y employer fructueusement. On ne peut espérer de bonne récolte d'une terre qu'autant qu'elle soit bien ensemencée ; et pour bien ensemencer il faut une terre bien préparée ; ici est la tâche des gouvernants : c'est à eux d'abord à bien préparer la terre, s'ils veulent qu'on y sème et qu'elle produise d'heureuses moissons ; jusque-là, je ne vois pour le commerce d'autre moyen que de procéder par essais ; de ne hasarder que quelques semences sur le terrain actuel, afin de voir venir les premières récoltes ; les résultats de ces premiers essais serviront de règles aux opérations subséquentes, dans lesquelles on pourra agir avec quelque connaissance de cause, alors que l'on pourra baser ses opérations sur des résultats antérieurs.

Ce qu'il y aurait à faire, et ce qu'il pourrait être utile de faire, dans l'état actuel des choses, dans l'intérêt du *commerce national* comme dans celui de *l'industrie parisienne*, serait que le commerce de Paris s'entendît pour former un *fonds social* plus patriotique que spéculateur, à l'aide duquel il serait établi des comptoirs dans les ports nouvellement ouverts au commerce européen, et dans quelques ports d'escales ou d'entrepôts, lesquels correspondraient avec le *comptoir central* établi à Paris, qui de son côté correspondrait avec les agents consulaires, le *bureau spécial des relations indo-chinoises* crée au ministère du commerce, et aussi avec le commerce lui-même, et serait ainsi en état de donner tous les renseignements, tous les avis propres à le diriger dans ses opérations. Le *Comptoir central de Paris*, instruit de tout ce qui convient aux deux pays, toujours aû courant de l'état des marchés, et ainsi plus que personne à même d'opérer avec tous les éléments de chances et de succès, recevrait les produits des manufactures et du pays, pour les expédier à fret, en soigner le placement et en opérer les retours. La formation de ces établissements, dont le Comptoir central de Paris aurait la direction, et à la tête duquel serait un homme capable et prudent, dégagé surtout de tout intérêt particulier, serait une création véritablement nationale, un appel auquel ne manqueraient pas de répondre les villes manufacturières et productives, intéressées au succès de l'œuvre, *Paris, Marseille, Bordeaux, Cette, Nismes, Lyon, Saint-Étienne, Rouen, Louvier, Elbeuf, Mulhausen, Sedan, Charleville, Saint-Quentin, Lille, Roubais, Turcoing, Amiens, Arras, Valenciennes, Dunkerque, etc., etc.*

Des résultats obtenus de cette manière *à bon escient* jetteraient les fondements d'une *compagnie franco-indo-chinoise*, et serviraient de bases à ses opérations.

C'est au commerce national, aux hommes d'État chargés de veiller à ses intérêts, que s'adressent ces réflexions;

et, qu'on le comprenne bien, quels que pourraient être les efforts de l'un, ils seraient impuissants sans une coopération efficace de la part des autres : ce n'est que par un égal concours, un concours mutuel, qu'en remplissant de part et d'autre les conditions y attachées, qu'on arrivera à obtenir des résultats, à utiliser les ressources que peuvent présenter à l'industrie française nos relations avec la Chine, assurer ainsi le succès de nos entreprises maritimes.

FIN.

SAINT-DENIS. — IMPRIMERIE DE PREVOT ET DROUARD.

www.ingramcontent.com/pod-product-compliance
Lightning Source LLC
LaVergne TN
LVHW050604090426
835512LV00008B/1340